QUELQUES MOTS

SUR LE

PROJET DE CONSTITUTION

POUR LES COLONIES

PAR A. PECOUL

Ancien représentant de la Martinique à l'Assemblée législative

PARIS

IMPRIMERIE GUIRAUDET ET JOUAUST

338, RUE SAINT-HONORÉ

Mars 1853

QUELQUES MOTS

PROJET DE CONSTITUTION

POUR LES COLONIES

La Constitution du 15 janvier 1852, en chargeant le Sénat de régler par un sénatus-consulte la constitution des colonies, a virtuellement retranché du droit commun nos départements transatlantiques.

Le législateur constituant me paraît en cela avoir cédé aux fausses idées répandues généralement au sujet des colonies, idées que les colons eux-mêmes ont tant contribué à répandre. Il serait, je crois, facile de démontrer que la Constitution de 1848 avait beaucoup mieux compris le véritable intérêt des Français d'outre-mer en prescrivant, aussitôt que faire se pourrait, leur assimilation complète à la mère-patrie.

Si, aux diverses époques antérieures à 1848 où l'on s'est occupé du régime à donner aux colonies, il a été déclaré que ce régime devait être exceptionnel, ce n'est évidemment que parce que la société y était encore fondée sur l'esclavage, ce qui ne permettait pas d'y introduire sans de graves inconvénients la législation de la métropole.

Cela est si vrai que, l'esclavage ayant été aboli une première fois par la Convention, la Constitution de l'an III fut promulguée dans toutes celles de nos colonies que les malheurs de la guerrre ne nous avaient pas enlevées, savoir : Saint-Domingue, la Guadeloupe et la Guyane. Ces colonies furent complétement assimilées à la métropole, et leur territoire divisé en départements.

Cet état de choses ne cessa que lorsque le premier consul, voulant procéder au rétablissement de l'esclavage, fit déclarer, par le décret du 30 floréal an X, que pendant dix ans le régime des colonies serait soumis aux règlements qui seraient faits par le gouvernement.

Cette délégation absolue pouvait se justifier alors par les troubles effroyables que le contre-coup de la tourmente dont la France sortait à peine avait causés dans les colonies et par l'état de désorganisation où elles se trouvaient ; mais serait-elle opportune et convenable aujourd'hui, quand le gouvernement lui-même se complaît à témoigner de la tranquillité dont jouissent les populations coloniales et du bon esprit dont elles font preuve ? Ne lit-on pas, en effet, dans l'exposé des motifs, ce qui suit :

« Les colonies sont tranquilles et l'ordre administratif
» y est depuis long-temps bien établi ; leurs population
» sont profondément attachées à la mère-patrie ; l'escla-
» vage a irrévocablement disparu du sol colonial , et y a
» fait place à un régime d'égalité pacifique dans lequel,
» à côté des anciens maîtres et s'inspirant de leurs exem-
» ples, les nouveaux citoyens s'accoutument peu à peu à
» la connaissance des intérêts sociaux et des devoirs de
» la vie civile. Ces lointains départements de la France
» sont donc en situation de participer sagement et utile-
» ment par des assemblées locales à l'administration de
» leurs intérêts les plus directs et les plus essentiels. »

Si ce tableau de la société coloniale actuelle est exact (et il l'est bien certainement), pourquoi proposer de dépouiller les colons des droits dont jouissent les autres citoyens français ? Pourquoi leur enlever les garanties dont ceux-ci restent en possession ? Pourquoi abandonner, quant à eux, à la discrétion des règlements d'administration publique et des simples décrets , des matières aussi graves et aussi importantes que la législation civile et criminelle, l'exercice des droits politiques, le recrutement de l'armée , l'organisation judiciaire et les pouvoirs extraordinaires des gouverneurs , matières qui par leur importance même sont essentiellement du domaine de la loi ?

On sait que, si avant 1789 la législation intérieure des colonies différait de celle de la métropole, ce que l'existence de l'esclavage expliquait et justifiait, sous tous les autres rapports les colonies reflétaient l'image fidèle de la mère-patrie. En effet, à côté du gouverneur on y avait placé un intendant de justice, finances et police, qui, comme dans les provinces de la France continentale, concentrait dans ses mains toute l'administration civile. Sous la présidence de cet intendant, un conseil supérieur, véritable parlement, jugeait souverainement les procès civils et criminels, faisait des règlements de police, et jouissait du droit de remontrances contre les ordonnances des gouverneurs, et même contre les édits du roi.

Sous le Consulat, on leur donne pour les gouverner un capitaine général et un préfet colonial. En 1814, la Restauration y établit un moment le régime antérieur à 1789, c'est-à-dire le gouverneur et l'intendant; et enfin la loi du 24 avril 1833 y crée un régime analogue à ce qui existait alors en France. Le gouverneur, qui représentait le roi, avait, sous le nom de chef d'administration, quatre véritables ministres, pour diriger le service militaire, l'administration de la marine, celle de l'intérieur, et la justice; système compliqué, que l'expérience a condamné comme dispendieux et stérile, et qui serait avantageusement remplacé par l'assimilation à la mère-patrie, telle qu'elle existe en Corse depuis long-temps.

Mais, quelle que soit ma conviction à cet égard, comment concevoir l'espérance de triompher, en ce moment, du préjugé si fortement enraciné dans les esprits en fa-

veur d'une constitution exceptionnelle pour les colonies ?
Le temps seul pourra, en cela comme en beaucoup d'autres choses, substituer la vérité à l'erreur. Je me bornerai
donc à soumettre à MM. les membres de la Commission
chargée d'examiner le projet de sénatus-consulte présenté par le gouvernement quelques observations principa-
les qui me sont suggérées par l'étude constante et appro-
fondie que j'ai faite des questions coloniales, par ma connaissance des localités, et par ma vive sollicitude pour
ces portions détachées de la grande famille française.

Le projet de sénatus-consulte maintient le régime municipal dans les colonies, mais en lui enlevant ce qui lui
donnerait surtout la vie et la force, l'élection. Aux termes
de ce projet, c'est du gouverneur, et non des citoyens,
que les membres des conseils municipaux tiendraient leur
mandat. Ces conseils, nommés par le gouverneur, seraient chargés d'élire la moitié des membres d'un conseil
général dont le gouverneur nommerait l'autre moitié. On
ne saisit pas bien pourquoi cette diversité d'origine qu'on
veut donner aux membres du conseil général. Il était plus
rationnel de le faire élire en entier, soit par le gouverneur,
soit par les conseils municipaux, dont les membres, choisis
par l'autorité, ne sauraient en aucun cas lui porter ombrage
ou exciter sa défiance.

Ce n'est pas tout : ce conseil général, composé mi-par-
tie par le gouverneur et par des conseils municipaux non
électifs, doit à son tour élire un délégué appelé à siéger
auprès du ministre de la marine dans un comité consul-
tatif de dix membres, qui seraient les cinq délégués des

colonies et cinq personnes à la nomination du ministre et devant être étrangères aux colonies !

Assurément, si l'on s'était proposé d'empêcher que la métropole parvînt jamais à connaître l'opinion des colons sur les hommes et sur les choses, on n'eût pas pu imaginer mieux, et tel serait infailliblement le résultat du sénatus-consulte, s'il était adopté par le Sénat sans de profondes et radicales modifications.

Une défiance aussi contraire au développement de la prospérité des colonies et de leurs rapports avec la mère-patrie ne se justifie, ni par le caractère de leur population, ni par leur nouvelle situation sociale, ni par les conséquences des faits qui s'y sont accomplis depuis 1848. J'ajoute que, loin que la privation de tous droits politiques y soit commandée par l'intérêt de leur repos et de leur paix intérieure, rien au contraire ne serait plus éminemment propre que l'exercice de ces droits à assurer cette paix intérieure, en accélérant la fusion des races d'origines diverses qui habitent et cultivent le sol des colonies.

Je vais essayer de prouver la vérité de ces assertions, heureux si MM. les membres du Sénat, résistant à l'entraînement général, veulent bien peser dans leur sagesse les considérations que je présente ici à l'appui de mon opinion.

Commençons d'abord par démontrer que la défiance du gouvernement à l'égard des colonies n'a, en réalité, aucune espèce de fondement ; qu'il ne peut appréhender sérieusement que son autorité soit jamais compromise par les franchises électorales dont il laisserait jouir les habitants des colonies. Ne sait-il pas mieux que personne que, si l'esprit d'usurpation venait à se manifester dans les assemblées électives, et les portait à sortir de leurs attributions légales, rien ne serait plus facile que de réprimer ces tendances ? En effet, ces populations sont divisées, dépourvues d'armes, et non dressées à leur maniement comme celles de la métropole. Les pouvoirs extraordinaires des gouverneurs n'ont-ils pas d'ailleurs, de tout temps, conféré à ces hauts fonctionnaires le droit d'expulser de leur colonie les hommes reconnus dangereux ? Et si cette mesure ne suffisait pas, n'ont-ils pas la ressource de l'état de siége ? Comment une sédition pourrait-elle résister à ces mesures accablantes dans de petites îles dont aucune des parties n'est inaccessible au bras de l'autorité ?

Mais il y a mieux encore : par suite du régime sous lequel les habitants des colonies ont vécu jusqu'en 1848, un sentiment de crainte révérentielle y prévaut habituellement dans tous les esprits, et l'on peut dire que l'autorité n'a jamais cessé par moments d'y être respectée que lorsqu'elle s'est trouvée confiée à des mains dont la débilité encourageait l'audace et l'insolence des agitateurs ; ce qui, du reste, se voit partout, en France aussi bien que dans les colonies. Et qu'on ne croie pas que l'autorité, pour se faire respecter, ait besoin de forces considérables : non, il suffit que le gouverneur, par son attitude, ait inspiré à chacun la conviction qu'il saurait se faire respecter ; personne ne bougera.

Les populations coloniales ne sont donc ni disposées à

s'affanchir de la tutelle de la métropole, ni en position de s'en affranchir.

Pourquoi donc porter la défiance à leur égard jusqu'à leur refuser un véritable régime municipal, source de tant de bien-être ? Pourquoi ne pas leur permettre de vivre et de se mouvoir librement dans le cercle des attributions qui constituent ce régime ? Pourquoi veut-on que, depuis le haut de l'échelle jusqu'en bas, ce soient toujours des délégués de la métropole exclusivement qui agissent et fonctionnent dans les affaires des colonies ? Quand le suffrage universel a été maintenu dans la France continentale, pourquoi le supprimer dans la France transatlantique ? Croit-on que le gros de la population soit de beaucoup plus avancé et moins capable d'abuser de ce droit dans l'une que dans l'autre ! Qu'y a-t-il de plus décisif en faveur de la population de cette dernière que l'usage qu'elle a fait, depuis 1848, des libertés dont elle fut mise inopinément en possession à cette époque ?

Mais, je m'y attends, on croira m'arrêter par cet argument spécieux, et en apparence formidable : Comment voulez-vous, dira-t-on, abandonner l'administration de la commune aux hasards de l'élection, qui pourrait composer souvent les conseils municipaux d'hommes tout récemment rédimés de l'esclavage, ignorants, crédules, passionnés, et prêts à devenir le jouet des factieux ?

Je réponds que, toutes les fois que ce cas se présentera, il sera facile à l'autorité de paralyser à son gré les efforts des factions, armée comme elle l'est du droit de choisir le maire et les adjoints en dehors des conseils municipaux, de dissoudre indéfiniment ces conseils et de les remplacer per des commissions administratives dont la composition lui appartient.

Partout, dans ces derniers temps, à la Martinique comme à la Guadeloupe, n'a-t-on pas vu ce résultat se produire toutes les fois que les gouverneurs ont été assez bien inspirés pour user de ces prérogatives? Où donc, dès lors, est le danger? Pourquoi, en thèse générale, mettre *a priori* des populations françaises en dehors du droit commun, au lieu de se borner à suspendre la jouissance du droit électoral là où ces populations en auraient partiellement abusé, là où la sécurité publique exigerait qu'elles en fussent momentanément privées?

Qu'on ne me dise pas que les élections de toute espèce sont des causes de collision entre des hommes divisés par autant de souvenirs et de passions ; qu'on n'invoque point au soutien de cette allégation les scènes du 22 mai 1848 à Saint-Pierre Martinique, les troubles de Marie-Galante en 1849, et les nombreux incendies qui motivèrent, en 1850, la mise en état de siége de la Guadeloupe !

Je parle sans passion ; narrateur impartial, je ne rappelle les faits dont, dans ces dernières années, les colonies ont eu à souffrir, que pour en rétablir le véritable caractère, et pour montrer que, loin de combattre l'opinion que j'émets sur l'aptitude des colons à user des droits politiques, ces faits sont, au contraire, la plus éclatante justification de cette opinion. Que, si donc l'administration de ces époques paraissait inculpée par mon récit, il soit bien entendu que mon but n'est point de formuler des accusations contre les personnes, mais seulement de placer les faits sous leur vrai jour, et de montrer qu'on n'en peut tirer aucune induction propre à justifier l'ostracisme dont il s'agit de frapper la population de nos colonies.

Voyons d'abord les événements de mai 1848 à la Martinique, et constatons que les élections y furent tout à fait étrangères. On connaissait depuis environ deux mois la révolution qui s'était accomplie en France; on attendait d'un jour à l'autre les commissaires généraux chargés de proclamer sur les lieux l'abolition de l'esclavage. Tout à coup une émeute éclate dans la ville de Saint-Pierre à l'occasion de l'incarcération d'un esclave, dont la mise en liberté est accordée par un des adjoints récemment nommés. Ce succès de l'émeute, cette faiblesse ou cette connivence de l'autorité municipale, enhardissent les agitateurs; le désordre prend des proportions alarmantes ; le même adjoint intervient auprès du commandant des troupes pour le supplier de consigner la garnison : la vue des soldats exaspérerait le peuple, dit-il, et entraînerait le massacre général des blancs; il répond au contraire de tout si les soldats ne paraissent point. Ce langage fut malheureusement écouté : on consigna la garnison dans ses quartiers, on refusa les 120 marins qu'offrait de débarquer une corvette de l'état mouillée sur la rade, et la ville fut abandonnée à des bandes d'autant plus audacieuses qu'elles savaient qu'on leur laissait le champ libre. Il est si vrai qu'il eût suffi d'une seule patrouille dans les rues de la ville pour prévenir et réprimer les graves désordres et les crimes de cette nuit du 22 mai, qu'un bruit s'étant fait entendre au bas de la rue pendant qu'on s'apprêtait à incendier cette maison Sanois, asile de tant de familles qui devaient y trouver la mort, les incendiaires s'enfuirent à toutes jambes, croyant que c'étaient des troupes qui arrivaient. Ce n'étaient malheureusement que des auxiliaires qui venaient aider à l'holocauste.

Les malheurs de cette époque n'ont donc rien de commun avec les élections, et nous n'aurions pas à les déplorer si les dépositaires de l'autorité dans la colonie n'eussent pas complétement failli à leur devoir.

Quant aux troubles de Marie-Galante en 1849, ils ont une connexité incontestable avec l'élection des représentants de la colonie à l'Assemblée nationale. Mais faut-il en conclure que cette élection a été la véritable et seule cause de ces troubles, et que, sans elle, ils n'eussent pas éclaté ?

Pour répondre à cette question, il est nécessaire de jeter un coup d'œil rétrospectif sur la situation de la Guadeloupe à cette époque, et de rechercher si l'attitude du gouvernement à ce moment était bien celle qui pouvait comprimer l'esprit de désordre et intimider les agitateurs.

On sait qu'il s'était formé depuis 1848, dans nos Antilles, deux partis bien tranchés, entre lesquels l'hésitation ne devait pas être permise au gouvernement. Ce n'était plus, comme précédemment, d'un côté les blancs, de l'autre les mulâtres et les noirs. Sous la bannière de l'homme qui avait le plus souffert des rigueurs du vieux régime colonial, sous la bannière de M. Bissette, mulâtre,

marchaient tous les hommes qui se proposaient pour but
l'oubli du passé, la fusion absolue des races, le maintien
de l'ordre, le rétablissement du travail et de la production. Relevant les blancs de l'état de prostration où les avait
jetés la Révolution de février, le chef de ce parti les avait
réconciliés avec les noirs, dont il était l'idole, et cette ré·
conciliation magique avait immédiatement produit le
plus merveilleux effets.

Ce parti se composait des blancs, des noirs et d'un certain
nombre de mulâtres sages et intelligents. Il avait pour ad-
versaires tous ceux des mulâtres qui se croyaient appelés,
comme les vainqueurs de Février, à former désormais l'a-
ristocratie coloniale, et à jouir du monopole de ces em-
plois publics dont ils avaient été si long-temps systémati-
quement écartés. Leur orgueil et leur ambition étaient
surexcités par les avis et les instructions qui leur arrivaient
d'Europe. Ils fondaient l'espérance de leur domination locale sur le triomphe, qui leur était présenté comme in-
faillible et prochain, des partis avancés qui effrayaient la
France.

Certes, si chacun des actes de l'autorité eût été de nature alors à répandre la conviction que le gouvernement
ne voulait avoir aucun ménagement pour les hommes qui,
de près ou de loin, s'affiliaient aux anarchistes; si tous les
fonctionnaires notoirement reconnus comme leurs compli-
ces eussent été révoqués immédiatement, quelle que fût
leur couleur, et remplacés sans retard par des hommes
animés de meilleurs sentiments; si les séides de l'agitation
se fussent vus menacés de l'application des pouvoirs ex-

traordinaires du gouverneur, si chacun enfin eût pu comprendre qu'il n'y avait rien à gagner à rester enrôlé sous la bannière des factieux, qu'on en soit bien persuadé, ce n'est pas une seule élection qui se serait faite sans troubles, mais vingt, mais cent, mais mille élections.

Il m'est pénible d'avoir à le rappeler, mais entre les mains de qui la police de la Guadeloupe était-elle centralisée à l'époque des désordres de 1849? Ce fonctionnaire n'était-il pas le même que l'on s'est cru plus tard obligé de destituer des fonctions moins importantes qu'il remplissait dans une autre colonie, et cela parce que le réquisitoire de l'honorable M. Rabou, procureur général à la Guadeloupe, le représentait comme fortement compromis dans l'instruction dirigée contre le grand incendiaire Sénécal? Et ce qu'il y a de remarquable encore, c'est que la destitution de ce fonctionnaire a suivi, et non précédé, l'arrêt de la chambre des mises en accusation qui le renvoya de la plainte, ce qui semblait indiquer que M. le ministre de la marine ne partageait pas, sur l'insuffisance des charges, la conviction des trois juges composant cette chambre des mises en accusation !

Le président de la Cour d'appel de la Guadeloupe, et plusieurs autres magistrats importants, révoqués ou déplacés quelque temps après, ne donnaient-ils pas à l'administration de la justice une direction dont s'alarmaient les hommes du parti de l'ordre, et dont s'enhardissaient les factieux? Qu'on lise, à cet égard, les dépêches si consciencieuses et si impartiales de l'honorable M. le capitaine de vaisseau Fabvre, gouverneur par intérim de

la colonie. Comment, dans ces conditions, l'audace des
ennemis de la société s'accroissant de la faiblesse et de l'ir-
résolution du gouvernement, de l'ambiguïté de son attitude, des élections ne deviendraient-elles pas une occasion
de troubles et d'effusion de sang? Mais, doit-on pour cela
considérer ces malheurs comme des conséquences natu-
relles et inévitables de l'exercice du droit électoral, et ré-
puter les Français des colonies à jamais inhabiles à en
user? Evidemment non.

Que le gouvernement sache bien ce qu'il veut; que,
sous le prétexte de tenir la balance égale, de garder une
neutralité contre nature entre les ennemis avoués du repos
public et les défenseurs de l'ordre, il ne permette pas aux
premiers d'entretenir dans les masses des espérances cou-
pables et fallacieuses; qu'il agisse, au contraire, de ma-
nière à convaincre les promoteurs de l'agitation qu'il a
l'œil ouvert et le bras étendu sur eux; qu'il ne se fasse
représenter à tous les degrés de la hiérarchie que par des
hommes qui ne sympathisent pas avec les factions, et je
vous réponds qu'alors vous pourrez impunément interro-
ger, par la voie de l'élection, la population des colonies,
et lui abandonner le choix de ses mandataires.

Maintenant, si le système électoral ne peut par lui-même causer aucune perturbation dans la société coloniale,
s'il est innocent de celles dont on veut le rendre responsa-
ble dans le passé, ce système me paraît indispensable
pour assurer l'extinction prochaine de l'antagonisme de
race, qui sera, tant qu'il existera, le plus grand danger
qui puisse menacer cette société en général et la race eu-

ropéenne en particulier, cette race dont la présence est si essentielle pour la civilisation des autres.

Aucun ami éclairé des colonies ne me contestera que travailler à l'anéantissement de cet antagonisme ne soit le premier et le plus pressant des devoirs du gouvernement.

Eh bien! quel moyen plus efficace d'y parvenir que de relever l'ancien esclave à ses propres yeux et à ceux de son ancien maître en l'admettant à concourir par son suffrage à l'élection des citoyens chargés d'administrer les affaires communes; en obligeant cet ancien maître de réclamer à des époques périodiques, dans l'intérêt de l'ordre public, le suffrage de cet ancien esclave; de les habituer ainsi, l'un à s'estimer davantage, l'autre à voir dans le journalier qu'il emploie habituellement un homme dont le concours lui sera nécessaire à un jour donné, dont il doit par conséquent se ménager la bienveillance? Ne saute-t-il pas aux yeux que de tels rapports tendent à rapprocher et à unir? Le blanc propriétaire recourra, pour acquérir le bon vouloir et la confiance de son cultivateur, à tous les avantages naturels dont il est en possession : la fortune, la supériorité d'instruction et de connaissances; et c'est ainsi qu'il se créera l'influence dont, dans l'intérêt de tous, il est à désirer que la race européenne jouisse dans nos colonies. Une influence due au judicieux emploi de ces avantages sera bienfaisante, solide, durable, et préviendra toute commotion.

Il en serait tout autrement si cette influence était factice et de par la loi; si les propriétaires du sol, n'ayant plus rien à attendre que de l'autorité, venaient à se persuader

que la confianee de leurs cultivateurs n'est plus une con-
dition de prospérité pour eux. Alors il faudrait craindre
que le naturel, les habitudes de l'ancien maître, ne revins-
sent au galop ; ce naturel, ces habitudes, se manifeste-
raient dans les rapports habituels de chaque jour, et c'en
serait fait à jamais de l'espoir d'éteindre cet antagonisme
qui, quoique réduit à l'état latent, menace de si grands
dangers l'existence de nos colonies.

Supposez, au contraire, cet antagonisme éteint ou con-
sidérablement affaibli, ces populations fondues et amal-
gamées, oubliant, les unes qu'elles ont été esclaves, l'autre qu'elle a été maîtresse. Dites, alors, si non seulement
la paix ne régnera pas parmi elles, mais si elles ne seront
pas en mesure d'éviter les contre-coups de ces révolutions
fréquentes dont la métropole semble avoir contracté l'ha-
bitude ! Il n'est pas d'éventualités politiques qu'elles ne
pussent braver si, par l'exercice en commun des mêmes
droits, on leur permettait de continuer leur éducation,
d'apprendre à se rapprocher, à se concerter, à s'unir dans
un intérêt public. Déjà, nonobstant les froissements dou-
loureux, suites des changements profonds de ces dernières années, ne se plaît-on pas à remarquer qu'à l'apathie
de l'époque antérieure a succédé dans les esprits une cer-
taine émulation qui se traduit déjà en améliorations maté-
rielles sensibles ? La lutte même et la discussion publique
ont aiguisé et développé les facultés. Irait-on aujourd'hui
arrêter cet essor et replonger nos colonies dans la torpeur
où elles ont si long-temps végété ? Quelle meilleure preuve
de leur aptitude que ce qui s'est passé chez elles depuis

1848? La masse de la population, esclave la veille, est mise subitement en possession des droits de citoyen et appelée à exercer le suffrage universel illimité! Cette multitude d'esclaves affranchis reçoit du dedans et du dehors les excitations les plus faites pour l'entraîner à des excès; elle rencontre partout une autorité faible, incertaine, hésitante; il y a, dans cette société dont les fondements sont ainsi inopinément bouleversés, des souvenirs irritants d'un passé qui vient d'expirer et des passions ardentes que mille ambitions exploitent! Eh bien! qu'on dise, la main sur la conscience, si, dans des conditions aussi défavorables, dans une désorganisation aussi effrayante, ces populations ne sont pas sorties avec honneur d'une épreuve qui semblait devoir consommer leur ruine; si une portion quelconque du peuple de la métropole, placée dans les mêmes conditions et sous l'empire des mêmes influences, eût été aussi sobre d'excès, et n'eût pas coûté plus de larmes à l'humanité! Qu'y a-t-il de plus concluant que ces faits en faveur des populations coloniales, et de leur aptitude à bien user des droits qu'on met en question en ce moment? C'est après cinq années de jouissance inoffensive de ces droits qu'on viendrait les leur ravir! Le Sénat ne peut le vouloir.

Ce qu'il y a de regrettable, c'est que, lorsqu'il s'agit des colonies, on perde toujours de vue le grand fait qui s'y est accompli en 1848, et qu'on veuille, pour une époque de liberté, invoquer les principes et les règles d'une époque d'esclavage. On entend parler sans cesse de la nécessité d'un régime exceptionnel pour les colonies et dans leur intérêt ; qui ne voit cependant que ce régime exceptionnel, qui ne tirait que de l'esclavage sa raison d'être, n'a plus aujourd'hui ce motif et n'aurait plus de justification ; que, la société ayant été replacée sur sa base naturelle dans ces établissements, il faudrait désormais les faire vivre de la même vie que la mère-patrie, puisque rien ne s'y oppose.

Beaucoup de colons eux-mêmes cèdent encore sans réflexion à ce faux et déplorable préjugé. Je ne me dissimule pas que mon opinion sera peu goûtée de beaucoup d'entre eux ; mais ma confiance dans mes appréciations n'en est point ébranlée. En effet, quoique gens d'esprit incontestablement, dans quelle occasion ne se sont-ils pas trompés sur ce qui convenait à leur pays ? C'est à tort qu'on prétend que les intérêts sont toujours intelligents : il est rare, au contraire, qu'ils sachent juger sainement les nécessités de leur position, et que la raison l'emporte sur le sentiment.

Quand on parlait aux colons d'abolir la traite des noirs, ils se croyaient et se disaient perdus ; ils étaient convaincus que leurs ateliers, ne pouvant plus se recruter à la côte d'Afrique, seraient bientôt anéantis, et que c'en serait fait de l'agriculture coloniale. Tant qu'ils purent puiser à cette source, c'est exclusivement dans l'augmentation des bras qu'ils firent consister le progrès de leur agriculture, négligeant l'emploi de la charrue et celui des engrais, la multiplication du bétail, le perfectionnement des méthodes de travail. Seul je combattais à la Martinique cette opinion erronée, et me plaisais à considérer la suppression de la traite comme une source d'améliorations de toute espèce. Qu'est-il arrivé, cependant? C'est qu'à partir de la cessation effective de ce trafic la population servile commença à se recruter par les naissances, que l'usage de la charrue se propagea, et que la production atteignit successivement ses chiffres les plus élevés!

Lors de l'abrogation, en 1830, de toutes les dispositions législatives ou autres qui avaient pour objet de tenir la population affranchie dans un état d'infériorité et d'incapacité, la plupart des blancs crurent les colonies perdues. Eh bien! les dix-huit années qui s'écoulèrent de 1830 à 1848 n'ont-elles pas été dix-huit années de calme et de prospérité non interrompus, sauf à la Martinique, où, en 1831 et en 1834, mais toujours par l'impéritie de l'autorité locale, eurent lieu quelques troubles, facilement réprimés, du reste?

Pour donner une idée des exagérations auxquelles on s'abandonne, des fantômes qu'on se crée comme à plaisir dans les affaires des colonies, je citerai un fait qui est à la connaissance personnelle de l'honorable président de la commission du Sénat.

Antérieurement à 1830, les hommes de couleur avaient une place marquée dans les salles de spectacle; ils ne pouvaient, même en payant, se placer ailleurs. Aussi, dès qu'eût été promulgué l'arrêté de M. le gouverneur Dupotet qui supprimait toutes les distinctions de race et de couleur, on jugea prudent à la Martinique de fermer la salle de spectacle de Saint-Pierre, de peur que des rixes violentes n'éclatassent entre les blancs et les mulâtres

lorsque ces derniers voudraient se répandre dans les parties de la salle où les blancs seuls jusque alors avaient
eu le droit de se placer. Une indemnité fut payée aux ar-
tistes qui donnaient des représentations, et ils quittèrent
la colonie.

Peu d'années après, M. l'amiral de Mackau, nommé
gouverneur de la Martinique, ayant voulu rendre à la population les plaisirs de la scène, de nombreuses réclama-
tions lui arrivèrent de toute part; des collisions effroyables, lui disait-on, allaient avoir lieu s'il donnait suite à
son projet; de la ville l'incendie se propagerait dans toute
la colonie; tout allait être à feu et à sang. Ces sinistres
pronostics n'arrêtèrent pas le gouverneur. Les représentations dramatiques attirèrent un public nombreux et bi-
garré; les différentes parties de la population s'y rencon-
trèrent sans se prendre à la gorge, et il fut prouvé une
fois de plus que ces hommes d'origines si diverses va-
laient beaucoup mieux que la réputation qu'on leur avait
faite, beaucoup mieux qu'ils ne le croyaient eux-mêmes.

J'espère donc que la Commission et le Sénat voudront
aller au fond des choses, sans préoccupation, sans parti
pris, et je ne doute pas alors que le sénatus-consulte qu'on
leur propose ne leur paraisse devoir être entièrement re-
fondu et conçu sur d'autres bases. Ce n'est pas lorsque
l'administration elle-même signale chaque jour avec orgueil la rapide réorganisation de l'ordre, du travail et de
la production dans nos colonies, que le Sénat consenti-
rait, en acceptant le projet qui lui est présenté, à arrêter
l'essor de la vie et de la civilisation dans ces portions éloi-

gnées du territoire français, à les abandonner à l'arbitraire, et à les faire périr tout au moins par le marasme, si ce n'est par d'effroyables convulsions. Le Sénat comprendra que c'est déjà beaucoup d'avoir exclu les Français qui les habitent de la représentation au Corps législatif, et qu'il est aussi convenable que juste de leur laisser la plénitude et la sincérité de la vie municipale.

FIN.

www.ingramcontent.com/pod-product-compliance
Lightning Source LLC
Chambersburg PA
CBHW061453050726
47593CB00004B/1577